Les Époques de la musique

Camille Bellaigue

FSC
www.fsc.org
MIXTE
Papier issu
de sources
responsables
Paper from
responsible sources
FSC® C105338

LES

ÉPOQUES DE LA MUSIQUE

LA SONATE POUR PIANO

The piano forte sonata, its origin and development, by J.-S. Shedlock, B. A. — Methuen and Cie, London.

C'est une « espèce » admirable et disparue, dont l'évolution totale s'est accomplie en deux cents années, de la fin du XVIIe siècle à celle du nôtre.

La sonate pour piano, forme de la musique pure, en est une forme plus libre que la fugue, plus idéale que la « suite, » et moins sociale que la symphonie. Celle-ci gardera toujours l'avantage du nombre. Elle le possède en quelque sorte deux fois : elle existe par le nombre et pour le nombre. Elle doit au nombre non seulement l'intensité, mais la variété des sons. La sonate pour piano peut-être, — et chez Beethoven elle l'est souvent, — symphonique autant que la symphonie même par le développement et la combinaison des idées ; elle ne saurait l'être par la diversité des timbres. Infinie en ses lignes, elle est bornée dans sa couleur. La symphonie est foule et s'adresse à la foule. Le génie ou l'âme d'un Beethoven est divisé par elle deux fois : entre ceux qui l'exécutent et entre ceux qui l'entendent. La sonate pour piano ne demande au contraire qu'un seul interprète et peu d'auditeurs. De ces derniers même elle peut se passer, et ce n'est pas alors qu'elle est le moins belle. Alors il n'y a plus en présence, tête à tête et, si j'ose dire, cœur à cœur, que le maître qui parle et le serviteur qui écoute. La sonate alors nous apparaît comme le mode lyrique par excellence, — étant le plus individuel, — de la musique pure. Ne les disant qu'à nous, il semble que le musicien nous dise de lui des choses plus intimes, partant plus précieuses. Il nous donne l'illusion de sa faveur ou de son choix, et la personnalité, ou l'égoïsme, nous ferait aisément préférer la sonate, cette sublime confidence, à la symphonie, ce manifeste éclatant.

Aussi bien, dans l'ordre du temps, la sonate a précédé la symphonie. Elle a servi de base et de type à toute œuvre instrumentale classique, et, par le duo, le trio, le quatuor, le quintette, etc. le genre le plus restreint de la musique de chambre aboutit au genre le plus étendu de la musique de concert.

La sonate pour piano est plus « idéale » que la « suite, » d'où elle est sortie. La « suite, » une des « plus anciennes formes musicales cycliques, » est une série « de plusieurs morceaux de danse écrits dans le même ton, mais de caractères différens. Les plus anciens groupemens de cette espèce qui nous soient connus se trouvent dans les livres de luth de la première moitié du XVIe siècle[1]. » Les deux genres ne se distinguèrent pas d'abord très nettement ; ils demeurèrent quelque temps mêlés, sinon confondus. Corelli ne s'interdit pas de donner à ses *adagios*, à ses *allégros*, des titres de danses. Marpurg écrivait en 1762 : « Les sonates sont des compositions en trois ou quatre parties, intitulées simplement *allegro, adagio, presto*, etc., mais qui, par leur caractère, peuvent être en réalité une allemande, une courante, une gigue. » Quoi qu'il en soit, par nature et par définition, la « suite » est une série de danses, et la sonate un groupe de morceaux. Telle est la différence essentielle et qui n'a fait que s'accroître. Le menuet lui-même, ce dernier vestige de la danse, a fini, dans la sonate et dans la symphonie, par céder la place au *scherzo*. Ainsi l'art instrumental s'est dégagé peu à peu de la représentation matérielle ; l'image ou le souvenir physique est allé s'effaçant, et de l'accompagnement des mouvemens du corps, c'est à l'expression des mouvemens de l'esprit et de l'âme que la musique s'est élevée.

Plus libre que la fugue, la sonate est aussi plus émouvante. Œuvre de raison et de logique sans doute, elle l'est pourtant d'une logique moins étroite et d'une moins abstraite raison. La fugue éclate surtout aux esprits ; la sonate, comme la symphonie, aux âmes. La loi de rigueur commande à l'une ; à l'autre, c'est la loi de grâce. Hans de Bulow comparait un jour le *Clavecin bien tempéré* et les sonates pour piano de Beethoven à l'Ancien et au Nouveau Testament. Il avait raison. Les deux œuvres se complètent ; elles sont toutes les deux nécessaires et suffisantes à la perfection de notre foi.

Guidé par l'excellent historien anglais de la sonate, nous pouvons en parcourir le cycle entier. Ici, comme en tout l'ordre de la musique pure, Beethoven occupe le sommet. Jusqu'à lui, le chemin monte ; il descend après lui. Mais les deux pentes sont belles. Pauvre piano, qu'on raille et qu'on maudit, instrument disgracieux et qui semble « une harpe mise en bière[2], » que de chefs-d'œuvre depuis deux siècles la musique a cachés en lui ! En lui seul, seul capable, entre tous ses frères sonores, d'enfermer tant de pensée, tant d'action et tant de rêve. Il semble qu'en ses flancs élargis d'âge en âge, un nouvel univers se soit formé, et que, laissant à l'orgue l'auguste soin des choses divines, il ait pris pour lui-même le souci, plus humain, de nos passions terrestres. Il les connaît, et les partage, il les exalte ou les apaise toutes. Je ne sais pas un répertoire supérieur en richesse, en beauté, à celui de la sonate pour piano. Le monde extérieur lui-même y est quelquefois représenté. Mais le monde moral surtout, et tout entier, en constitue le sujet ou la matière infinie. Nous retrouvons là tous les degrés, tous les modes aussi de notre sensibilité. Il n'est pas jusqu'à certains « objets, » comme disaient les amans d'autrefois, dont certaines sonates, et des plus illustres, ne nous retracent l'image étrangement personnelle et vivante. Telle sonate en *la* mineur fut composée par Mozart à vingt ans non seulement en l'honneur, mais à la ressemblance même d'une enfant qui l'avait charmé. Qui pourrait entendre commencer la sonate en *ut dièze* de Beethoven, sans voir paraître, à la lumière pâle et comme au « clair de lune » de ces tristes accords, l'ombre de la comtesse Juliette ? Mais surtout qui dénombrera les sentimens en quelque sorte abstraits, ou plutôt inappliqués, dont la « sonate pour piano » constitue l'inépuisable trésor ? Voici Haydn au cœur innocent et presque enfantin ; voici la divine pureté de Mozart. Voici Beethoven, le héros, et derrière lui, au-dessous de lui, ceux qui se sont partagé son héritage. D'un bout à l'autre du siècle, voici Schubert, Weber, Schumann, Chopin, Brahms. Voici toutes les énergies et toutes les faiblesses, la puissance de l'être et ses défaillances aussi. Voici les marches, allègres ou funèbres, la paix et le trouble, la maîtrise et l'abdication de soi-même, toutes les extrémités de la joie et de la douleur. Ainsi, grâce à la sonate pour piano, l'un de nous, seul, et sur un seul instrument, peut évoquer la vie tout entière. Elle vient à lui, elle sort pour lui des touches d'ébène et des touches d'ivoire, double matière dont sont faites éternellement les deux portes de nos songes.

I

« Il y eut un homme nommé Jean, » qui paraît avoir été l'auteur de la première sonate pour piano. Né en 1660, mort en 1722, Jean Kuhnau fut, à Saint-Thomas de Leipzig, le prédécesseur immédiat de Jean-Sébastien Bach. C'est en 1695 qu'il publia sa première sonate, avec une série de sept « suites » (*Partien*) « pour l'agrément particulier des amateurs. » D'autres suivirent bientôt, sous ce titre : *Frische Clavier Früchte (Fruits frais pour le piano)*. Nous dirions plutôt : *Fruits verts,* dont la verdeur même est ce qui nous plaît aujourd'hui. La sonate alors ne possède qu'en puissance et comme en promesse le goût et la taille que plus tard elle prendra. L'idée en est forte, mais courte. Elle ne se développe et ne s'organise pas. Déjà pourtant quelques signes paraissent : un accent, une attaque fière, une ferme réponse de la dominante à la tonique ; çà et là, dans un *adagio* de trois ou quatre lignes, entre deux *allégros* un peu secs, une ombre de mystère ou de rêve.

D'autres sonates de Kuhnau possèdent ce mérite, ou du moins ce caractère particulier, d'être des œuvres descriptives, et d'apporter ainsi un élément, peut-être même un argument, dans la grave et difficile question de la musique à sujet ou à programme. Vieille question et, pour la musique, ambition ou prétention éternelle, tour à tour reconnue et condamnée. L'antiquité l'avait admise, et le genre instrumental qui, chez les Grecs, offrait quelques analogies avec la sonate moderne : le *nome pythique*, représentait le combat d'Apollon avec le serpent. On trouve au neuvième livre de Strabon l'analyse d'un de ces nomes, composé par Timosthène, amiral de Ptolémée Philadelphe. Ainsi le fameux combat, sans avoir rien de naval, inspirait même des marins. L'auteur, dit Strabon, avait partagé son œuvre en cinq morceaux. Il faisait assister l'auditeur : dans l'anacrousis, aux prépatifs ; dans l'ampira, aux premières escarmouches ; dans le catakéleusme, au combat lui-même ; dans l'ïambe et dactyle, aux acclamations qui suivent toute victoire ; enfin, dans les syringes, à la mort du monstre, « dont on croyait entendre les derniers sifflemens, tant l'imitation des instrumens était parfaite. » Légitimes ou non, les droits de la musique à la description et au pittoresque sont du moins fondés sur l'ancienneté, et puisqu'ils s'exercèrent dès l'origine, c'est donc qu'ils parurent d'abord naturels et presque nécessaires.

Souvent contestés, ils n'ont jamais été abolis. Hier encore un jeune maître allemand les revendiquait en ces termes : « Il serait très heureux, écrit M. Weingartner, qu'un historien de la musique voulût bien établir une fois, très profondément et solidement, que ce qu'on nomme aujourd'hui à la légère *musique à programme*, n'est nullement une invention des nouveaux compositeurs, mais que plutôt la tendance à exprimer par la musique des pensées nettement indiquées, des événemens même, est évidemment aussi vieille que la musique comme nous la comprenons généralement. Chez les anciens Néerlandais et Italiens, aussi bien que chez les maîtres allemands avant Bach, nous trouvons des compositions avec des titres et des explications[3]. »

M. Shedlock en donne plus d'un exemple antérieur aux « Sonates Bibliques. » C'est une fantaisie de John Mundray sur le beau et le mauvais temps. C'est l'œuvre de Frohberger, un maître qui passait pour savoir exprimer également sur le piano les faits, les idées et les sentimens. C'est une série de « suites » de Buxtehude, pour le piano toujours, sur la nature et les caractères des planètes. De tels précédens n'étaient pas ignorés de Kuhnau. Il les cite et s'en autorise dans la longue introduction qu'il a placée en tête de ses « Sonates Bibliques. » Il y définit aussi le pouvoir des sons. La musique est capable, suivant lui, de produire des effets merveilleux, mais en certains cas avec le concours de la parole. Elle sait rendre la joie et la tristesse en général (nous dirions aujourd'hui : en soi) ; mais, dès qu'elle cherche le sens individuel et l'expression particulière, aussitôt l'assistance des mots lui devient nécessaire. Kuhnau rappelle à ce propos une sonate qu'il venait d'entendre et qui se nommait *la Medica*, « la Médecine. » L'auteur y représentait d'abord l'état du malade, l'agitation des parens inquiets et courant chercher le médecin. Mais sous la gigue finale, qui devait figurer la convalescence, il avait, pour plus de sûreté, rédigé ce bulletin écrit : « Le malade va de mieux en mieux, sans être complètement rétabli. »

Kuhnau, lui non plus, ne se fiait pas toujours, nous l'avons dit, à la musique seule. Il a joint des commentaires détaillés à sa « lie-présentation musicale de quelques histoires de la Bible, en six sonates pour piano, destinées au plaisir de tous les amateurs. » La première a pour sujet le combat de David et de Goliath. Un rythme pointé sert de *leitmotiv* au géant. Un choral figure la prière des Israélites. Un thème pastoral évoque David lui-même et sa jeunesse de berger. Tout est décrit : le défi, la rencontre, l'assistance, le sifflement de la fronde, la chute du monstre et la fuite des Philistins. Pas un détail n'est omis et pas un n'est ridicule, parce que pas un, tout en étant imitatif ou pittoresque, ne cesse d'être musical. Plus musicale encore et surtout moins extérieure, la seconde sonate nous montre Saül guéri de ses fureurs par la harpe de David. Ici, non sans quelque raison, M. Shedlock a pu surprendre, en telle ou telle mélodie, comme un pressentiment de Bach, de Mozart même, que dis-je ? de Beethoven, et du plus grand, celui de la dernière sonate pour piano. La troisième sonate (le mariage de Jacob) débute par une gigue destinée à peindre l'allégresse de Laban et de sa famille en voyant arriver son futur gendre. Le service de sept ans est décrit par une musique laborieuse, mêlée pourtant de quelques relâches agréables (furtives entrevues des fiancés). La maladie et la guérison d'Ezéchias, Gédéon sauveur d'Israël, et le Tombeau de Jacob, tels sont les sujets des trois dernières « Sonates bibliques » de Kuhnau. « Poète-musicien, » disait-il d'un compositeur de son temps. Il eût pu se donner ce titre à lui-même. Il a voulu « créer » par la musique, et par la musique pure, autre chose que la seule musique. Son erreur ou sa faiblesse, celle plutôt de son art, qui ne faisait que de naître, fut dans la nature trop souvent objective et tout extérieure de cette création. La sonate, disions-nous, a banni peu à peu la danse de la musique pour piano. Cela est vrai des « Sonates bibliques » alors même qu'en certaines parties elles gardent encore des titres chorégraphiques. Mais leur « sujet » n'est pas toujours pour cela beaucoup moins extérieur. Il est trop souvent étranger à l'ordre du sentiment. Ce ne sont plus les gestes ou les pas que la musique signifie : ce sont les faits, peut-être encore moins dignes d'elle. Il faudra qu'elle apprenne de plus en plus à s'en détacher et que tôt ou tard, suivant le mot du philosophe, elle ne jouisse que des âmes.

Avec Philippe-Emmanuel Bach, elle commence à goûter cette jouissance. Le premier en date, et comme le père des grands musicographes allemands, Forkel, divise et définit ainsi l'une des plus belles sonates du maître : « Premier morceau : indignation. *Andante* : réflexion. *Andantino* : consolation mélancolique. » Il n'y a déjà plus là de sujet extérieur ou pittoresque ; la musique rentre en nous et en soi. M. Shedlock estime que les sonates de Philippe-

Emmanuel ont « pavé le chemin » devant celles de Haydn, de Mozart et de Beethoven. « Pavé » me paraît dur. Elles l'ont aplani, tracé très large, très droit, et quelquefois même elles l'ont fleuri. Ce qu'il y a de plus surprenant chez ce fils de Bach, c'est qu'il ne ressemble pas à son père. Il est à la fois très digne et très éloigné de lui. La polyphonie, et plus précisément la fugue, le contrepoint et la scolastique, n'ont pour ainsi dire aucune part à ses très libres sonates. Comme il se destinait à la magistrature, on suppose que le père toléra chez ce futur amateur le goût et la culture même d'un art moins sévère que le sien, d'une musique plus légère et, comme on disait alors, « galante. » Envoyé pour étudier le droit à Francfort-sur-l'Oder, il ne l'y étudia pas longtemps. Le bruit se répandait en Allemagne que le prince royal de Prusse (extravagance inouïe chez un Hohenzollern !) constituait sa maison musicale. Philippe-Emmanuel offrit ses services, qui furent acceptés, et l'honneur lui revint, si je ne me trompe, d'accompagner au clavecin le premier solo de flûte exécuté à Charlottenburg par le prince Frédéric, devenu le roi Frédéric II.

Philippe-Emmanuel ne fut un fils en quelque sorte que dans l'ordre de la nature. Dans l'ordre esthétique, il a donné plus et surtout autre chose qu'il n'avait reçu. Son œuvre (je parle de ses sonates pour piano) ne semble pas venir du passé, mais aller vers l'avenir. Elle ne conclut pas : elle inaugure ; elle n'est pas un effet, mais une cause. Ouvrez sa première sonate, je veux dire celle qui figure la première dans l'édition (déplorable à tous égards) publiée par la maison Peters, vous croirez presque reconnaître la première sonate, — vraiment la première, celle-là, — de Beethoven. La ressemblance est dans l'invention mélodique ; elle est aussi déjà dans le développement, dans cet art, que Beethoven possédera pleinement et qui s'annonce ici, de tirer d'un fragment ou d'un éclat du thème primitif un groupe et comme un organisme nouveau. La beauté de cette sonate (au moins du premier morceau) consiste pour ainsi dire en des accens. Une autre sonate (de 1780, *la* mineur) est belle surtout par les traits, par la rapidité de leur course et l'aplomb de leur chute, par une virtuosité qui, loin d'être un luxe inutile, n'est que la forme nécessaire de la pensée, ou plutôt ne se distingue pas de la pensée elle-même. C'est à peine si de temps en temps revient à la mémoire du fils l'écho d'un prélude ou d'une gigue paternelle. Plus souvent un gracieux andante annonce Haydn et Mozart ; ailleurs, dans l'ombre déjà tragique d'un *adagio*, Beelhoven passe un moment et disparaît, mais il passe. M. Shedlock dit vrai : pour le talent et, si j'ose dire, le métier, Haydn et Mozart sont les élèves d'Emmanuel Bach ; mais Beethoven est son fils par l'esprit. Kuhnau n'était qu'un prophète lointain ; Philippe-Emmanuel est le précurseur, le flambeau dont parle Bossuet, et qu'il faut à la faiblesse de nos yeux pour chercher le jour.

Il n'est pas le seul, et, sans être encore la lumière, Haydn et Mozart ont eux aussi rendu témoignage à la lumière. Témoignage le plus souvent aimable et plein de charme. La rudesse, la violence en est absente, mais non pas l'énergie, ni la grandeur. La grâce ne fait pas le mérite de la première sonate de Haydn (celle du moins que Peters, avec son mépris accoutumé de la chronologie, nous donne pour la première). En cette œuvre de maturité M. Shedlock admire plutôt l'audace. Tandis que la première et la seconde partie sont en *mi bémol*, l'*adagio*, qui les sépare, est en *mi* naturel. Ce voisinage — ou cet éloignement — fait merveille. Autrefois il dut faire scandale. De nos jours, dans une sonate pour piano et violoncelle de Brahms, une hardiesse analogue a paru nouvelle ; elle n'était que renouvelée.

Parmi les œuvres de Haydn et de Mozart, les sonates pour piano n'occupent assurément pas le rang des quatuors de l'un et des opéras de l'autre. Dans l'abondance, dans la profusion des sonates de Haydn, le hasard est plus sensible que le progrès. « Haydn, ici, ne s'est pas, comme Beethoven, élevé par degrés. Il écrivait à propos de tout et de rien. *Nulla dies sine lined* paraît avoir été sa devise[4]. » En 1780, il publia chez Artària six sonates. L'une (en *ut dièze* mineur, n° 21,) « commence par un morceau intéressant. Elle finit par un beau menuet et trio, où le maître approche, et très près, de Beethoven. Quant au morceau du milieu (*Scherzando*), il est identique au premier morceau d'une autre sonate (n° 24) du même recueil. Haydn, en envoyant les sonates à l'éditeur, lui signale cette identité et le prie d'en faire mention au verso de la page de couverture : « Il m'eût été facile, ajoute-t-il, de choisir cent autres thèmes au lieu de celui-là. Si je vous avertis, c'est uniquement afin de prévenir le reproche que pourrait m'attirer, de la part des critiques et en particulier de mes ennemis, cette légère et volontaire rencontre[5]. »

Pour résumer l'histoire de la sonate, on dit communément : Emmanuel Bach a fondé l'édifice, Haydn et Mozart l'ont construit, et Beethoven l'a couronné. Cela est bientôt dit, et trop sommairement. Il faut, avec l'historien anglais, préciser et distinguer davantage. Bach a fait plus que poser les fondations, et Beethoven, lui, n'a pas craint parfois de les ébranler. Mais Haydn et Mozart ont trouvé la maison debout. Quelques morceaux d'architecture leur ont paru démodés et de style rococo ; ils les ont repris dans un style plus large ou plus serré. Ils ont enrichi la matière même de l'œuvre, ils en ont agrandi les dimensions, et, donnant plus de valeur aux élémens essentiels, ils les ont réunis entre eux par des liens et comme par des joints plus forts.

Deux sonates de Mozart me semblent, pour des raisons diverses, également dignes d'une attention particulière. L'une est la *Fantaisie et sonate* en *ut* mineur ; l'autre, la sonate en *la* mineur. Si les sonates pour piano ne sont pas un des chefs-d'œuvre du musicien de *Don Juan*, la *Fantaisie et sonate*, surtout la *Fantaisie* en est un : l'un des plus extraordinaires, et, parmi tant de sommets radieux, peut-être l'unique sommet couronné de nuages et frappé de la foudre. « Mes premiers vers sont d'un enfant… les derniers à peine d'un homme, » disait Alfred de Musset. Elles sont aussi d'un enfant, mais d'un enfant divin, les premières sonates de Mozart. La dernière est d'un homme, d'un homme qui doute, qui lutte, et qui souffre, d'un homme que Mozart ne fut qu'une seule fois ! Aimons-la donc, cette *Fantaisie*, pour son humanité douloureuse. Aimons-la pour le signe sombre et sacré qu'elle porte seule. Aucune autre ne commence ainsi, par les notes, enfoncées aussi avant, d'aussi tragiques accords. Sur nulle autre ne tombe et ne retombe, d'une chute incessante, une aussi morne tristesse. « Musique de table, » disait Wagner de la musique de Mozart. Mais à cette table, un jour, on sait quel convive est venu s'asseoir. En vérité ce début n'est pas moins terrible que la fin de *Don Juan* et les introductions des symphonies de Beethoven n'offrent rien de plus sublime. La grandeur des mélodies n'a d'égale ici que leur abondance. Au lieu de suivre aisément une ou deux idées aimables, Mozart s'attache, s'attaque sans relâche à des thèmes hostiles et rudes. Il insiste, il creuse, il fouille jusqu'au fond de son âme, où jamais il n'était descendu si avant. Et pour une fois, une seule, il la trouve obscure et troublée. Il y rencontre, au lieu de l'évidence, le mystère ; au lieu de la paix, l'inquiétude et presque la révolte. En ces pages étonnantes, les parties lumineuses mêmes demeurent voilées, et des voix d'en haut, qui semblent répondre, ne répondent qu'à demi. A chaque instant renaissent des contradictions et des combats, que rien ne résout ni n'apaise. Parmi les chefs-d'œuvre de Mozart, un tel chef-d'œuvre est une exception, pour ne pas dire une énigme. Les Grecs ne se sont pas trompés quand ils ont vu la musique éternellement partagée entre deux pouvoirs ennemis : celui d'Apollon et celui de Bacchus. Mozart même, le génie apollinien par excellence, a subi le second, ne fût-ce qu'une heure. Son front pur a senti passer un souffle d'orage et Dionysos jaloux a jeté dans un court transport celui qu'Apollon sans doute avait trop aimé.

La *Fantaisie et sonate* date de 1784-1785. Sept ans auparavant, Mozart en composait une autre, aussi connue et très différente, en *la* mineur, qui paraît à M. Shedlock « le plus bel effort de Mozart dans le genre de la littérature musicale. » Le mot « effort » n'est pas juste, quand il s'agit de Mozart. Je n'aime pas « littérature musicale ; » et « musique littéraire » ne conviendrait pas mieux. Je préfère la distinction générale, que fait ailleurs M. Shedlock, entre la *practical basis* et la *poetical basis*. Cela s'entend et peut se définir. M. Shedlock appelle *practical basis* la forme, la figure sonore et purement technique ou « pratique » de l'œuvre musicale. La *poetical basis*, c'est le sentiment ou la sensibilité, l'état d'esprit, et d'âme surtout, qui s'exprime dans cette forme, qui la comporte et pour ainsi dire la commande et la produit. De l'un à l'autre élément, le rapport est quelquefois difficile à saisir. Il n'a rien d'absolu ni de fixe. Avec les époques et les écoles, il se relâche ou se resserre. Il existe pourtant, il est l'objet principal de l'esthétique, étant l'unique objet et pour ainsi dire l'essence même de l'art, avec lequel on pourrait soutenir qu'il se confond. Mais, encore une fois, autant il est mystérieux, autant il est variable, et, de Kuhnau, par exemple, à Philippe-Emmanuel Bach, à Mozart, plus encore et surtout à Beethoven, il s'est entièrement renouvelé. Tandis que le musicien des « Sonates bibliques » cherche des sujets à l'extérieur, parmi les spectacles et les faits, le Mozart de la sonate en *la* mineur se propose de peindre une personne ; si le mot ne prêtait à l'équivoque, nous dirions une personne morale, en d'autres termes, un caractère, une âme enfin. Les « Sonates bibliques » étaient des tableaux d'histoire ; la sonate en *la* mineur est un portrait : celui d'une jeune fille, presque d'une enfant.

En 1777-1778, Mozart passa l'hiver à Mannheim. Il avait vingt et un ans. La maison qu'il fréquentait le plus était celle du maître de chapelle Cannabich. Nous savons par ses lettres combien il aimait cette famille et comme il en était aimé. « Je suis tous les jours chez Cannabich… Il a une fille qui joue très gentiment du piano, et, pour m'en faire tout à fait un ami, je travaille en ce moment, pour mademoiselle sa fille, à une sonate qui est déjà terminée, sauf le rondo. Dès que j'ai eu fini le premier *allegro* et l'*andante*, je les lui ai apportés et joués moi-même. Papa ne peut pas se figurer comme cette sonate plaît (4 novembre 1777)[6]. » Quatre jours plus tard : « J'ai écrit chez Cannabich le rondo pour mademoiselle sa fille, et après ils ne m'ont plus laissé partir. » Du 14-16 novembre 1777 : « Je ferai copier le plus tôt possible sur du petit papier la sonate que j'ai composée pour Mlle Cannabich et je l'enverrai à ma sœur. Il y a trois jours que j'ai commencé à l'enseigner à Mlle Rose, et aujourd'hui nous avons terminé le premier *allegro*. C'est l'*andante* qui nous donnera le plus de peine, car il est plein de sentiment et doit être joué avec les nuances de *forte* et de *piano* exactement comme c'est indiqué. Elle est très habile et apprend très facilement. Sa main droite est très bonne, mais la gauche est malheureusement tout à fait gâtée. Je puis dire que j'ai souvent grande compassion d'elle, quand je la vois se donner tant de peine qu'elle en est toute haletante. Ce n'est pas maladresse, mais parce qu'elle ne peut plus faire autrement. On le lui a ainsi enseigné et l'habitude est déjà invétérée. » Suivent quelques conseils utiles pour la correction des mauvaises mains gauches, et dont les élèves, et même les maîtres, pourront profiter. « Aussi, continue le jeune professeur de piano, j'ai dit à sa mère et à elle-même, que, si j'étais maintenant son maître en titre, j'enfermerais tous ses morceaux de musique, je couvrirais le clavier d'un mouchoir et je lui ferais faire uniquement des traits, des trilles, des *mordans*, etc., de la main droite et de la main gauche, d'abord très lentement, et cela jusqu'à ce que les défauts de sa main fussent complètement corrigés. Et ensuite j'ai la confiance que j'en ferais une bonne pianiste. »

Cette confiance ne tarda guère à se justifier. Un mois après, Mozart écrivait ce qui suit. Au ton surpris et charmé de sa lettre, aux détails qu'il donne et se plaît à donner sur sa petite élève, on croirait qu'il parle d'elle pour la première fois et qu'elle vient de se révéler à lui. « Sa fille (la fille de Cannabich), qui a quinze ans et qui est l'aînée de ses enfans, est une très belle et gentille jeune fille ; elle a beaucoup de raison et est très posée pour son âge ; elle est sérieuse, parle peu, mais quand elle le fait, c'est avec grâce et cordialité. Hier elle m'a fait de nouveau un très inexprimable plaisir en me jouant ma sonate dans la perfection. Elle joue l'*andante* (qui ne doit pas aller vite) avec tout le sentiment possible et elle le joue avec plaisir. Vous savez que dès le second jour que j'étais ici j'avais terminé l'*allegro*, par conséquent n'ayant encore vu qu'une seule fois Mlle Cannabich. Le jeune Danner me demanda alors comment je comptais faire l'*andante*. « Je veux le composer tout à fait d'après le caractère de Mlle Rose. » Quand je le jouai, il plut extrêmement. Le jeune Danner raconta alors ce que j'avais dit. C'est la vérité ; tel est l'*andante*, telle est Mlle Cannabich. » Et le lendemain Mozart, qui décidément ne pense plus qu'à son élève, ajoute ce post-scriptum : « A propos, il faut que je rectifie quelque chose : j'ai écrit hier que Mlle C… a quinze ans ; mais elle n'en a que treize et vient d'entrer dans sa quatorzième année. »

Mozart attendit quelque temps près de ses amis un engagement à la chapelle de la cour. Mais ne l'ayant pas obtenu, il résolut de partir. La scène des adieux est d'une grâce et d'une mélancolie tout allemandes. C'est à la maman, à la « Hausfrau » que Mozart parla d'abord. « Comment, s'écria-t-elle, c'est donc une affaire manquée ! » Là-dessus j'e lui racontai tout… Lorsque Mlle Rose, qui était éloignée de nous de trois chambres et qui s'occupait alors du linge, eut fini, elle entra et me dit : « Vous conviendrait-il maintenant ? » Car c'était l'heure de la leçon. « Je suis à vos ordres, répondis-je. — Aujourd'hui, reprit-elle, il faut que nous étudiions bien raisonnablement. — Je crois bien, répliquai-je, car cela ne durera plus longtemps. — Comment cela ? Pourquoi ? » Elle alla vers sa mère, qui lui dit la chose. « Comment, reprit-elle, c'est certain ! Je n'en crois rien. — Oh ! oui, c'est certain, dis-je. » Là-dessus elle se mit, toute sérieuse, à jouer ma sonate. Je n'ai pu retenir mes larmes. Alors des larmes vinrent aux yeux de la mère, de la fille, et de M. Schatzmeister, car elle jouait justement ma sonate et c'est elle qui est la favorite de toute la maison. « Ecoutez, dit M. Schatzmeister, si M. le maître de chapelle s'en va (on ne m'appelle pas autrement ici), il va nous faire tous pleurer. »

« M. le maître de chapelle » ne s'en alla pas tout de suite. Il s'en alla pourtant et de part et d'autre sans doute on pleura. Trois ans plus tard, à Munich, où l'on représentait son *Idoménée*, Mozart retrouva Mme et Mlle Cannabich. Mais il ne les retrouva pas les mêmes. « Maintenant, écrit-il le 16 décembre 1780, maintenant et bien vite, de peur de l'oublier encore : les cous de Mme et de Mlle Cannabich commencent à devenir de plus en plus gros, à cause de l'air et de l'eau d'ici. Cela pourrait bien finir par tourner au goître. Dieu nous assiste ! Elles prennent bien une certaine poudre, que sais-je ? Ce n'est pas ce nom-là, mais cela ne réussit pourtant pas à leur contentement. Aussi j'ai pris la liberté de recommander les pilules anti-goîtreuses… Si on peut les préparer ici, je vous prie de m'envoyer la recette, mais s'il faut qu'elles soient fabriquées chez nous, je vous prie de m'en adresser ici, contre argent comptant, quelques quintaux par la prochaine diligence. » — Voilà ce qu'était devenu l'exquis modèle de la sonate exquise. Voilà ce que peu de temps avait fait de celle dont les quinze ans avaient inspiré les vingt ans de Mozart !

Lisez maintenant la sonate en *la* mineur. Mais, en la lisant, oubliez cette dernière lettre et ne vous souvenez que des précédentes. Elle leur est conforme et, pour la qualifier, on ne trouverait pas de meilleurs mots que ceux dont se servait Mozart pour louer sa petite amie. Jeunesse, « grâce et cordialité », la sonate a tout cela. « Très belle, » assurément, elle est « gentille aussi. » Elle est même « sérieuse. » Elle « a beaucoup de raison et elle est très posée pour son âge » ou pour celui de l'auteur. La vivacité, l'enjouement que donnent au premier morceau le mouvement et le rythme est tempéré, grâce au mode mineur, par je ne sais quelle mélancolie. Entre toutes les sonates de Mozart, elle est la sonate d'amour, d'un amour innocent et passager. Mozart ne fut point le maître et la petite Rose ne fut pas l'élève que seront un jour Beethoven et Thérèse de Brunswick ou Juliette Guicciardi. Quand Beethoven reverra Juliette, ou plutôt refusera de la revoir, il ne parlera pas, comme Mozart, de celle qui fut l'héroïne tout autre d'une tout autre sonate que la sonate en *la* mineur. Mais, que, les âmes étant diverses, les œuvres le soient aussi ; que des sonates de Mozart et de Beethoven, analogues par le sujet, diffèrent par le sentiment et le style, par la *poetical* et la *practical basis,* il n'y a pas de meilleure preuve que la musique a pour objet de manifester par les sons les degrés et les modes de la sensibilité. On ne fait pas l'histoire d'un genre, même musical, sans faire un peu aussi l'histoire des âmes. La *Fantaisie et sonate* nous révèle ce que fut, un moment et par exception, l'âme de Mozart. C'est à la sonate en *la* mineur qu'il faut demander ce qu'elle était toujours.

Souvent, au moment de créer un exemplaire définitif et parfait, il semble que la nature en multiplie les esquisses et comme les épreuves. Pour préparer un Beethoven, il ne lui suffit pas d'un Haydn et d'un Mozart : il lui faut encore un Rust, un Dussek, un démenti. De ces trois musiciens, Bust, le plus admirable, est inconnu ; les deux autres sont trop oubliés. Dans une lettre à son père, Mozart parle durement de Clementi. Il le traite de charlatan (*ciarlatanno*), comme tous les Italiens. Et il ajoute : « Quant à ses sonates, qu'elles ne signifient rien sous le rapport de la composition, c'est ce que sentira quiconque les jouera ou les entendra. Il n'y a aucun passage remarquable ou frappant, excepté les sixtes et les octaves, et pour ceux-là, je supplie ma sœur de ne pas trop s'en occuper, afin de ne pas gâter par-là sa main calme et bien posée et de ne pas lui faire perdre sa légèreté naturelle, sa souplesse et son agilité ; car, qu'y gagne-t-on au bout du compte ?... Qu'elle arrive à faire les sixtes et les octaves avec la plus grande rapidité (ce dont personne ne peut venir à bout, pas même démenti), elle aura exécuté un affreux canotage et rien de plus[2]. »

Le jugement est sévère, mais plus d'un motif en pourrait expliquer la rigueur. Mozart l'a fondé sans doute sur une sonate, — une seule et des moindres, — que joua Clémenti lors du fameux concours institué par l'empereur Joseph II entre les deux maîtres. Mozart en outre avait beaucoup à craindre et même à souffrir de l'influence italienne à la cour impériale. Enfin il estimait peu le « mécanisme » ou la virtuosité pure et l'auteur du *Gradus ad Parnassum* fut surtout un virtuose, un maitre dans la pratique et la technique du clavier. M. Shedlock, qui le défend et même le vante, a très bien dit, en termes qu'on traduirait mal, que souvent chez démenti, « *virtuosily gained the ascendency over virtue.* » Souvent, mais non pas toujours, et lorsqu'il y met, lorsqu'il y engage non plus seulement ses doigts, mais son cœur, la musique de Clémenti possède quelque mérite, ou quelque vertu.

Comme dit l'historien anglais, parlant de certaines sonates avant Beethoven, « *they sound Beethovenish,* » cela sonne le Beethoven. Ainsi voilà le son dont l'approche avant Beethoven et dont la persistance après lui fait la beauté de toute sonate pour piano. Voilà le diapason où tant de musique se rapporte. C'est le « sérieux » de Beethoven qu'on peut admirer dans les trois dernières sonates d'un Dussek ; c'est la grandeur de Beethoven, et sa douleur, dont vous trouverez dans l'œuvre d'un Rust l'étrange et tragique pressentiment. De ce génie ignoré, je ne veux point parler davantage. Je vous laisse et je vous envie, l'ayant ressentie moi-même, la joie de le découvrir. Lisez les pages que lui consacre M. Shedlock, et vous saurez les circonstances de sa vie, les noms et les dates de ses œuvres. Mais lisez les quelques mesures que M. Shedlock cite de lui, et vous connaîtrez son âme. En 1794, un des fils de Rust se noya. Matthison, le poète de l'*Adélaïde* de Beethoven, ayant adressé au malheureux père une élégie intitulée : *Couronne funèbre pour un enfant*, l'artiste s'en inspira. De sa douleur il fit de la beauté. Il écrivit une sonate dont la seconde partie s'appelle *Wehklage (Lamento)*. M. Shedlock en a transcrit la fin. La voilà, la musique qui n'est pas « virtuosité, » mais « vertu. » Vertu, c'est-à-dire force : une force que la souffrance éprouve sans la briser, une force qui persiste et résiste jusqu'au bout, juqu'aux notes finales, qui montent lentement, avec peine, mais qui montent. Ce bref et sublime témoignage suffit pour qu'on s'étonne, avec M. Shedlock, que de telles œuvres soient d'un devancier de Beethoven et non de Beethoven lui-même. « *They sound Beethovenish.* » Quand les admirables accords de la *Wehklage* retentissent, on sent bien que le temps des précurseurs est passé, que le maître est à la porte et qu'il frappe.

II

Il y a trente-deux sonates de Beethoven. Près de quatre fois aussi nombreuses que les symphonies, elles s'étendent, ou plutôt, — car elles montent jusqu'à la fin, — elles s'étagent sur un espace de plus d'un demi-siècle : de l'année 1796 (Beethoven avait vingt ans), à l'année 1823, quatre ans avant sa mort. Je viens de les relire toutes et, près de parler d'elles, je me souviens du mot de l'Écriture : « Celui qui entreprend de sonder la majesté sera écrasé par la gloire. » La gloire des sonates n'est peut-être pas moindre que celle des symphonies. Celles-ci forment un groupe élu ; celles-là sont presque une foule. Et non-seulement les sonates ne ressemblent jamais aux symphonies, mais elles ne se ressemblent jamais entre elles. La symphonie sans doute garde l'avantage sinon de la pluralité, du moins de la diversité des voix. Elle l'emporte également par leur puissance. Enfin le nombre des interprètes et la variété même des matériaux sonores, cordes, bois et métal, font de la symphonie je ne sais quelle représentation grandiose, à la fois sociale et cosmique, de l'humanité et de l'univers. On se dit, on se redit tout cela quand on vient d'entendre les neuf symphonies. On est tenté de l'oublier après avoir joué les trente-deux sonates. On leur sait gré, comportant moins d'appareil, de ne pas contenir moins de pensée. Il semble que, privée de l'orchestre, et renonçant à cette beauté plus que sensible, éclatante, leur beauté purement idéale s'accroisse, loin d'en souffrir, de cet austère renoncement. Entre les symphonies et les sonates, — je parle des plus grandes — la différence n'est pas de nature, mais en quelque sorte d'accident ; elle tient aux moyens et aux dehors, plus qu'au fond et à l'essence même. Dans la symphonie, tous les instrumens concourent à l'unité et l'établissement ; elle est préétablie dans la sonate pour piano. Un seul instrument, un seul interprète, et cet interprète, nous pouvons l'être nous-mêmes. Alors, comme nous le disions plus haut, il n'est pas jusqu'à cette solitude qui ne nous enchante. Alors nous nous flattons d'être de ceux pour qui les Beethoven ou les Mozart écrivaient, lorsqu'ils écrivaient pour eux et pour leurs amis.

C'est à ses amis que Beethoven a dédié ses sonates, et, si deux ou trois d'entre elles seulement portent un titre, presque toutes portent un nom. Noms illustres par eux-mêmes, ou que de telles dédicaces ont suffi pour illustrer ; noms de grands seigneurs ou de nobles femmes ; noms de toutes les amitiés de Beethoven et de toutes ses amours. Le premier de ces noms est le plus humble et le plus glorieux : « Trois sonates op. 2, pour le clavecin *piano forte*, composées et dédiées à M. Joseph Haydn, docteur en musique, par Louis van Beethoven. » Dans ces appellations de « Monsieur » et de « docteur, » on a soupçonné quelque ironie. On a prétendu que Beethoven, qui fut à seize ans l'élève de Haydn, se serait plaint, — ou vanté, — d'avoir pris de lui des leçons, mais de n'en avoir rien appris. Je ne sais ; mais de tels propos, fussent-ils établis, ne sauraient prévaloir contre un pareil hommage, et ce n'est pas sans respect, sans admiration, ni peut-être même sans gratitude, que Beethoven a nommé le premier, en tête de son œuvre, avant les princes et les archiducs, le fils du charron de Rohrau.

Quand Beethoven arriva à Vienne en 1792, il avait seize ans. Mozart était mort l'année précédente. Haydn, plus que sexagénaire, était au comble de sa renommée. Le jeune inconnu venait recueillir la gloire de l'un et partager celle de l'autre. C'est l'immortel honneur de l'aristocratie viennoise, au moins de quelques-uns des siens, qu'ils aient protégé les trois maîtres, et que « les grandeurs de la chair » aient étendu sur celles de l'esprit leur puissant et précieux patronage.

Encore une fois, les premiers noms de l'Autriche sont gravés au frontispice des sonates de Beethoven. Trois d'entre elles (et sublimes) sont dédiées à l'archiduc Rodolphe, dont l'affection, le dévouement et, dit-on, le talent, méritaient cet hommage. D'autres furent offertes à de jeunes femmes, on signe de sympathie, de reconnaissance ou d'amour : à la comtesse Babette Keglevich, à la princesse Liechtenstein, à la baronne Ertmann, à l'infidèle Juliette Guicciardi, à Thérèse de Brunswick, l' « immortelle bien-aimée, » fidèle celle-ci jusqu'à la mort. La sonate *pathétique* eut pour destinataire le prince Charles Lichnowsky. Né d'une vieille famille polonaise, en 1758, le prince était de dix-huit ans l'aîné de Beethoven. Il résidait le plus souvent à Vienne. Il avait été l'élève et l'ami de Mozart ; il voulut être l'hôte de Beethoven et le logea dans son palais. C'est là que les trois premières sonates de Beethoven furent jouées pour la première fois par l'auteur devant Haydn. C'est là sans doute (car le maître y demeura jusqu'en 1800) que fut composée, en 1799, la sonate *pathétique*.

De tous ces grands seigneurs le grand homme put être le client, le pensionnaire même ; il ne fut jamais leur serviteur, et, s'ils reçurent des gages de son génie, il ne leur en donna pas moins de sa fierté. M. Shedlock a rapporté la cause patriotique de la rupture avec le prince Lichnowsky. C'était l'année d'Iéna, dans l'hôtel du prince à Troppau, en Silésie. Quelques-uns de nos officiers y logeaient. Beethoven s'était refusé constamment à jouer devant eux ; un soir, comme le prince insistait, il partit pour Vienne, où, de colère, en rentrant chez lui, il brisa le buste de son protecteur. L'écrivain anglais a raison : « Les temps étaient changés. Un Beethoven, un Schubert, un Weber, » — un Beethoven surtout, — « ne pouvaient être ni les bouffons des princes ni les esclaves du public. Ils étaient dans le monde, mais ils n'étaient pas du monde. » Heureux, malgré tous ses malheurs, heureux un Beethoven, puisque le monde, ou du moins quelques-uns de ceux qui étaient du monde l'ont connu, puisque les héritiers des vieux âges n'ont pas repoussé les chefs-d'œuvre que leur dédiait hardiment ce fils d'un siècle nouveau.

Dans les trente-deux sonates de Beethoven, la *practical basis*, autrement dit la forme ou la constitution spécifique de l'œuvre, n'a rien d'invariable ni d'absolu. Telle sonate se compose de deux morceaux ; telle autre en comprend trois, ou même quatre, tantôt séparés, tantôt faits pour se jouer sans interruption. Une note relative aux esquisses de la sonate op. 10, annonce l'intention de ne plus écrire que des menuets fort courts ; une autre note, plus précise, parle même de les réduire à seize ou vingt-quatre mesures. Ce n'était là que des projets ; le maître ne s'y est pas tenu. Autant que le nombre des morceaux, l'ordre et le genre en sont changeans. Au gré de son inspiration, Beethoven commence par un mouvement lent ou vif ; il nous avertit et nous prépare en quelques mesures, à moins qu'il ne nous attaque soudain et, du premier coup, nous terrasse. Fugue, variations, menuet ou *scherzo*, récitatif, *arioso*, il choisit librement parmi les formes musicales ; sans en créer comme sans en abolir aucune, il les agrandit et les élève toutes.

La tonalité, chez Beethoven, est plus indépendante que chez ses devanciers. Il ne respecte pas aveuglément le rapport, tenu jusqu'à lui pour sacré, de la tonique avec la dominante. La médiante l'attire : il penche vers elle et déplace ainsi l'axe même de la modulation. Il s'affranchit, lorsqu'il lui plaît, de la traditionnelle « reprise ; » mais, quand il l'accepte, ou la prescrit, il ne permet pas qu'on y ajoute ; il interdit à l'interprète les fioritures et les « agrémens. »

Autant que des introductions, Beethoven a des *codas* avant lui sans pareilles (le premier morceau de la sonate des *Adieux*, dernier morceau de l'*Appassionnata*, dernier morceau de la sonate appelée sans raison l'*Aurore*). Près de toucher le but, il se retourne, et, voyant derrière lui son œuvre tout entière et parfaite, il l'embrasse une dernière fois d'un regard triomphant. Beethoven a renouvelé même les élémens essentiels et comme le fond de la sonate pour piano. Dans ses premières sonates, la phrase principale revient un peu plus ornée seulement ; dans les suivantes, elle reparaît plus riche de sens et de sentiment. Il n'est pas jusqu'aux parties d'accompagnement que Beethoven ne fasse mélodiques. Sous le thème du premier morceau de la sonate en *ut dièze* mineur, je sais des notes intermédiaires dont la succession forme un chant. Haydn et Mozart ménageaient des oppositions agréables entre des idées différentes ; Beethoven cherche davantage à développer une idée centrale, de façon qu'elle gagne peu à peu toute la circonférence, que dis-je ? toute la sphère, car son œuvre a le relief et la plénitude autant que l'étendue. « Par l'accroissement de la mélodie et l'usage modéré des cadences parfaites ; par le style thématique des passages de transition ; par l'affinité, qui n'exclut pas le contraste, entre le premier motif et le second, par le caractère organique » — et non pas mécanique — « des développemens, par ces moyens et d'autres encore, Beethoven l'emporte sur tous ses prédécesseurs en continuité, en intensité, et en unité[8]. »

Tout cela, c'est la *practical basis* ; c'est la forme ou le style. Mais l'idée ou le sentiment, la *poetical basis*, cela aussi a changé. La variété même introduite par Beethoven dans le nombre et dans l'ordre des morceaux me paraît significative. Elle atteste une connaissance de la vie plus étendue et plus profonde. Beethoven sait qu'il est des âmes héroïques et toujours victorieuses. Pour celles-là, qui ressemblent à la sienne, il écrit ses finales triomphans. Mais il y a des âmes plus faibles ; il y en a de plus heureuses ou de plus épargnées ; accordant alors son génie avec leur facile destin, Beethoven leur consacre d'aimables menuets et des rondos mélodieux. Si votre jeunesse fut sans joie, la sonate en *ut dièze* mineur, douloureuse dès le commencement, est pour vous ; elle est vous. Le sort vous a-t-il frappé soudain, lisez le début de la *Pathétique* ou de l'op. 111 : vous y reconnaîtrez la brutalité de ses coups. Enfin, il n'est pas jusqu'aux dernières sonates qui, s'achevant par d'immenses fugues, par des variations splendides, ne nous invitent à finir comme elles dans la contemplation sereine, dans l'amour des lois éternelles et de l'ordre souverain.

M. Shedlock a bien senti qu'à propos de Beethoven plus que d'aucun autre, la question de la *poetical basis* devait être posée et résolue. « Un grand nombre, dit-il, et même probablement le plus grand nombre des sonates de Beethoven sont fondées sur cette base-là. » En d'autres termes, il est certain que, pour un Beethoven, la musique et sa musique en particulier, n'était pas la musique seule, la musique, en soi. Elle était expression et signe ; elle était, suivant une heureuse définition, le rapport entre le son et l'âme. Mais ce rapport, nous le disions plus haut, n'est pas toujours facile à définir. Autant que de ne pas l'admettre, il faut craindre de l'exagérer et de le comprendre mal.

On sait assez bien, et par de nombreux documens, comment Beethoven l'a compris. Dans la biographie de son maître, Schindler rapporte que « dès 1816, Hoffmeister ayant proposé à Beethoven de faire une nouvelle édition de sa musique pour piano, le maître avait eu l'intention d'indiquer l'idée poétique, *poetische Idee,* servant de sujet ou de base à ses différentes compositions. » Cette expression, ajoute le biographe, est du temps ; Beethoven l'employait souvent, comme d'autres se servent de cette autre expression « le contenu poétique, » par opposition avec des œuvres ne consistant que dans le jeu des rythmes et des harmonies. Les écrivains d'art (c'est toujours Schindler qui parle) protestent aujourd'hui contre ce mot. Ils ont raison, s'il s'applique à la musique à programme ; mais ils auraient tort de l'étendre à toute la musique de Beethoven et de ne pas voir en celle-ci de « contenu poétique. » Dans un des fameux cahiers de conversation[9] où Schindler écrivait pour Beethoven sourd des questions ou des réponses, on lit à la date de 1823 : « Vous rappelez-vous comment, il y a quelques années, il m'arriva de vous jouer la sonate op. 14… Maintenant je la vois très clairement. » Il ajoute aussitôt : « J'en ai encore mal à la main. » Plus bas une note nous apprend que Schindler ayant joué le début du premier morceau, Beethoven lui frappa rudement sur les doigts et prenant sa place, exécuta la sonate et *la lui expliqua*. « De même, poursuit Schindler, à qui Beethoven sans doute avait signalé mainte analogie, de même il y a deux principes dans le milieu de la sonate *pathétique*. » Deux principes : cela n'est pas vrai seulement de la sonate *pathétique*, et dans la sonate en *ré* mineur, op. 31, n° 2, bien plus, dans toute œuvre, sonate ou symphonie, de Beethoven, on trouverait aisément l'idée d'une opposition entre deux principes, l'image tantôt d'un dialogue ou d'une discussion, tantôt d'un conflit ou d'un combat.

Quatre ans plus tard, en mars 1827, et peu de jours avant de mourir, Beethoven s'entretenait encore avec Schindler du même sujet. « Puisque vous êtes bien aujourd'hui, écrit le disciple fidèle, que ne faisons-nous de nouveau de la poésie (*wieder etwas poetisiren*) à propos du trio en *si bémol* ? » Suivent quelques remarques sur les idées d'Aristote concernant la tragédie, sur la *Médée* d'Euripide, et enfin cette question qui, de la part de Schindler, semble un signe d'étonnement, presque de résistance : « Mais pourquoi *partout* une épigraphe ? En maint passage des sonates ou des symphonies où le sentiment et l'imagination de chacun doit prévaloir, de telles indications pourraient nuire. La musique ne doit ni ne peut toujours donner au sentiment une direction déterminée. » Il se peut, comme le soupçonne M. Shedlock, que nous ne faisons que traduire, il se peut que Beethoven ait ici manifesté l'intention d'expliquer le « contenu poétique » de ses œuvres, et qu'une telle hardiesse ait surpris Schindler. Peut-être aussi, voyant sa fin prochaine, emporté par un élan d'enthousiasme et désireux d'assurer le mieux possible l'intelligence de sa musique, Beethoven aura-t-il excédé la mesure, plus étroite, qu'il s'était imposée jadis en écrivant la symphonie *Pastorale*. « Bon ! reprit Schindler, vous allez peut-être vous mettre à composer une sonate *irritée* ? » Et Beethoven, sans doute, affirma que ce n'était pas impossible, car Schindler continue : « Je suis sûr que vous y arriverez, et d'avance je m'en réjouis. »

Ainsi la « base poétique » de ses œuvres était un sujet que Beethoven aimait à traiter. Il ne permettait cependant pas qu'on allât dans cette voie plus loin qu'il ne faut. Un certain docteur Müller, de Brême, ayant fait rédiger par un de ses amis, le docteur Carl Iken, des commentaires poétiques des œuvres de Beethoven, en envoya quelques-uns au maître. Par une lettre courtoise mais énergique, Beethoven protesta, sinon contre le principe même, du moins contre l'abus qu'on ne manquerait pas d'en faire. « S'il faut des explications, déclare-t-il, qu'elles se réduisent à la caractéristique générale des compositions. »

Il n'en donnait lui-même pas d'autres. A Schindler qui lui demandait un jour le sens ou « la clef » des deux sonates en *ré* mineur (op. 31, n° 2) et en *fa* mineur (*Appassionnata*), Beethoven répondit laconiquement : « Lisez *la Tempête* de Shakspeare ». Et comme Schindler hasardait encore cette question : « Qu'est-ce que le maître a voulu traduire par le *largo* de la sonate en *ré* (op. 10, n° 3) : « Chacun sentira bien qu'il exprime l'état d'une âme en proie à la mélancolie, avec diverses nuances de lumière et d'ombre[10]. »

Ces nuances peuvent être diverses, mais le sentiment est toujours un. De plus il est général et pour ainsi dire essentiel. Qu'il soit la joie ou la tristesse, il est le sentiment en soi, supérieur à toute condition comme à toute restriction, affranchi de toute contingence et de toute particularité. Enfin, comme l'a très justement observé M. Gevaert, dans la sonate moderne et particulièrement dans celle de Beethoven, le sentiment est intérieur. Tandis que le nome pythique des Grecs, « œuvre objective, descriptive, cherchait à exprimer une action dans ses diverses phases, la sonate moderne, subjective, passionnément et entièrement affranchie de toute dépendance extérieure, prend simplement pour sujet une idée musicale, ou, si l'on veut, une situation psychique, retournée en tout sens[11]. »

Parmi les trente-deux sonates de Beethoven, une seule, et seulement en sa dernière partie : *l'Aurore*, pourrait justifier le titre pittoresque qui lui fut gratuitement donné. « Le jour sort de la nuit comme d'une victoire. » C'est bien ainsi que du sombre *adagio* sort le finale éblouissant. Il a vraiment des beautés matinales : des arpèges transparens, des trilles qui jaillissent en gerbes de rayons, des notes pures et rondes comme des gouttes de lumière. Mais si de l'ordre visible vous le transposez dans l'ordre moral ; si vous le ramenez, comme disent les mystiques, *ab exterioribus ad interiora*, vous relèverez *ad superiora*, comme ils disent aussi. Du dehors au dedans et du dedans au dessus. Ainsi entendu, le finale demeurera toujours une victoire, mais victoire intérieure, celle dont Beethoven était coutumier. De cette fête des yeux vous ferez une fête de l'âme et le tableau musical y gagnera encore, en ressemblance autant qu'en beauté.

Ce serait une étude intéressante, mais interminable, que l'étude sentimentale ou passionnelle, et pour ainsi dire « éthique, » des sonates de Beethoven. Les moindres recèlent des trésors : trésors même de grâce et d'amabilité, de charme intime et familier. Avec quelle courtoisie le Beethoven des trois premières sonates, dédiées à Haydn, ne rend-il pas hommage au passé, à cet « ancien régime » avec lequel il va rompre, d'une rupture qu'annoncent déjà des éclairs. Que de fois, plus tard, entre deux tragiques poèmes, Beethoven s'égaie et rit ! Autant que de la douleur, il a tout connu, tout exprimé de la joie : tout, depuis la violence, la rudesse et même la frénésie, jusqu'à l'ingénuité, l'innocence divine : témoin la sonate en *sol* majeur (*alla tedesca*), l'une des moins profondes, mais des plus exquises, où l'Allemagne, je veux dire certaine Allemagne enjouée et naïve, une Allemagne d'autrefois, semble danser et sourire sous un nom et comme sous un masque italien.

De toutes les sonates de Beethoven, une seule s'appelle « pathétique ; » mais presque toutes pourraient porter ce nom. La sonate en *ut dièze* mineur ; celle (en *fa* mineur) qu'on appelle l'*Appassionnata,* sont parmi les plus illustres ; trop illustres peut-être pour qu'on ose en parler encore. Comme la sonate en *la* mineur de Mozart, ce sont deux sonates d'amour, mais de quel autre amour ! Dédiée au comte de Brunswick, la sonate en *fa* « mineur s'adresse en réalité à sa sœur, la comtesse Thérèse. A celle-ci, à « l'immortelle bien-aimée, » Beethoven consacrera plus tard une autre sonate, admirable non plus de passion, mais de sérénité, comme s'il n'osait pas découvrir à la jeune fille elle-même les ardeurs et les violences de son amour.

Quant à la sonate dédiée à Juliette, elle n'a de commun avec celle que Mozart dédiait jadis à la petite Rose, que le nom du sentiment qui les a toutes deux inspirées. L'une, aurait dit Stendhal, est le chef-d'œuvre de l'amour-goût ; l'autre, celui de l'amour-passion. Pour exquis que soit

Mozart, il parait ici, auprès de Beethoven, frivole et sans profondeur. Il regarde, sourit et passe ; Beethoven contemple, et sérieux, tragique, il s'attache et demeure. La vivacité du premier *allegro* de Mozart a quelque chose d'éphémère ; il y a de l'éternité dans le morne *adagio* de Beethoven, dans la monotonie des arpèges, dans le glas de ces notes funèbres. Rien ici ne court, n'effleure ni ne sautille ; tout est lié, tout est lent, tout est profond. Oh ! l'étrange déclaration et l'austère aveu d'amour ! Il semble qu'en ce peu de pages, toute la tristesse, toute la tendresse humaine s'offre, pour être partagée et consolée, dans l'offrande d'un seul cœur, assez vaste pour la contenir. Mais cette sublime offrande, l'enfant ignorante et cruelle ne l'a point acceptée, ou seulement comprise. Il lui disait comme Tristan : « Veux-tu me suivre en mon pays, mystérieux et triste, où ne luit point le soleil ? » et Juliette, moins fidèle qu'Iseult, a trahi le héros glorieux et sombre. En 1803, quelques mois après la dédicace qui la faisait immortelle, la jeune fille qu'avait aimée le plus grand des musiciens, et l'un des plus grands parmi les hommes, épousait un petit gentilhomme (et un musicien encore !), un compositeur de ballets, le comte de Gallenberg. Près de vingt ans plus tard, après avoir habité l'Italie, ce couple médiocre revenait à Vienne. Beethoven le sut et sur un de ses carnets de conversation on peut lire ce dialogue : « SCHINDLER : Pardonnez-leur, Seigneur, car ils ne savent ce qu'ils font. Est-ce qu'il y a longtemps qu'elle est mariée avec le comte de Gallenberg ? Mme la comtesse était-elle riche ? Elle a une belle figure jusqu'ici. — BEETHOVEN : Elle est née

Guicciardi. Elle était l'épouse de lui avant son voyage en Italie. Arrivée à Vienne, elle cherchait moi pleurant, mais je la méprisais[12]. » La sonate en *ut dièze* mineur ne comporte en réalité que deux parties : l'*adagio* et le finale ; le *scherzo* du milieu compte à peine. On a beau savoir qu'elle fut composée tout entière en 1802 ; on dirait pourtant que le finale pressent la trahison, qu'il l'annonce et d'avance la maudit. Sublime d'emportement et de colère, il rappelle, il égale, s'il ne les dépasse, les plus terribles anathèmes qu'ait jetés, comme disait Vigny, « la bonté d'homme » à « la ruse de femme, » et dans son fracas, dans ses fureurs, on croit toujours entendre retentir le mot farouche et justicier : « Elle cherchait moi pleurant, mais je la méprisais. »

Il est une autre sonate, moins célèbre, où se révèle dans toute sa simplicité et toute sa grandeur le pur *ithos* beethovenien : c'est la sonate en *mi bémol*, op. 81. Elle se divise en trois morceaux, intitulés par Beethoven lui-même : *les Adieux*, l'*Absence* et le *Retour*. Qui donc était parti, puis revenu ? L'élève et l'ami du maître, l'heureux titulaire de tant de chefs-d'œuvre, l'archiduc Rodolphe, à qui cette sonate, entre autres, est dédiée. Elle commence par un court *adagio* : sous les trois premiers accords, les plus simples du monde, sont écrites les trois syllabes (*Lebe wohl* !) de l'adieu allemand. Après quelques modulations sombres éclate soudain l'*allegro*, et ce changement brusque, à lui seul, est comme une leçon d'activité et de courage, même dans la tristesse, même après la séparation. Il condamne l'abattement et l'abandon de soi. Il traduit par les sons le mot énergique de Gœthe sur la vie : « *Dasein ist Plicht*, l'être est un devoir. » De ce premier morceau tout le développement, ou, comme disait le regretté George Grove, le « working-out » est magnifique. Nulle part on ne voit mieux comment Beethoven sait tirer d'un fragment de la mélodie première un ensemble nouveau ; comment, avec un élément partiel, il reconstitue un tout, un ordre complet et vivant. A la fin du morceau, dans une délicieuse *coda*, les trois notes de l'*adieu* reviennent. Enveloppées et comme voilées de traits légers et rapides, elles s'éloignent comme celui qui s'en va, jusqu'à ce que deux accords vigoureux, un peu rudes à dessein, hâtent la conclusion et nous sauvent sinon de la tristesse, au moins du découragement et de la lâcheté.

Le thème de l'*adagio* (l'*absence*) est fait, comme celui de l'*adieu*, de trois notes, mais de trois notes tout autres. Au lieu de descendre, elles montent. Le doute, l'angoisse est en elles. Avec une insistance, une émotion qui redouble, elle ne cessent d'interroger. On pense aux vers fameux, pleurant une absence aussi : « Mon frère a-t-il tout ce qu'il veut ? » et l'on sent bien alors la mystérieuse mais profonde concordance de la poésie et de la musique, puisque, pour exprimer le tourment de l'absence, toutes les deux ont recours au même signe, verbal ou sonore : une question éternelle, éternellement sans réponse.

Le finale est une ode à la joie : moins grave et moins religieux, moins développé surtout, cela va sans dire, que le finale de la neuvième symphonie, il est plus passionné. Il exprime la joie sous toutes ses formes, avec toutes ses nuances : depuis l'ivresse légère, qui rit et qui pétille, jusqu'au transport haletant, presque fou. Ainsi, comme nous l'observions plus haut, le sentiment beethovenien se montre en cette sonate dans sa plénitude et sa perfection. Dans sa généralité d'abord : car aucun mode, aucun degré n'en est exclu, car le sens de l'œuvre en déborde infiniment le sujet et le héros : c'est le poème de tout adieu, de toute absence et de tout retour. Dans son intériorité, car la description, le pittoresque n'a presque pas de place ici. Enfin dans sa bienfaisance, aurait dit Taine, ou dans sa moralité supérieure, puisque, en même temps qu'un miracle de beauté, le premier morceau de cette sonate est un exemple, et comme un symbole de patience, de courage, en un mot, de vertu.

Les cinq ou six dernières sonates, de l'op. 101 à l'op. 111, sont assurément les plus sublimes ; je ne dirai pas les plus parfaites, ni les plus claires, les plus égales ou les plus formelles. Impossibles à jouer pour qui n'est pas un maître, on ne les comprend qu'à la longue et pas toujours tout entières. Il est permis de leur préférer, avec M. Shedlock, les sonates de la seconde manière : la *Juliette* ou l'*Appassionnata*. Elles nous dépassent par la hauteur des idées et l'ampleur quelquefois démesurée du développement ; elles nous étonnent et peuvent même nous effrayer d'abord par la liberté, la fantaisie et l'audace. Tout y est porté au comble. Tout élément, à commencer par le plus simple de tous : la mélodie ; toute forme : variations ou fugue (op. 106 et 109), s'y trouve non seulement élevée, mais en quelque sorte dilatée prodigieusement ; à moins que, par un miracle inverse, la pensée, au lieu de se donner carrière, s'enferme une dernière fois dans la concision classique (op. 111, premier *allegro*), ou se condense encore plus brièvement (op. 110) dans le raccourci d'un récitatif ou d'un *arioso*.

La grandeur en quelque sorte morale de la musique s'accroît, dans les dernières sonates, avec cette autre grandeur qu'on pourrait appeler spécifique. « Les petites histoires qu'inventait Haydn pour éveiller son imagination, ne sont que des contes d'enfans auprès des pensées profondes, des événemens tragiques, des chefs-d'œuvre de Platon, de Shakspeare et de Gœthe, où Beethoven trouve l'aliment de son esprit et l'aiguillon de sa sensibilité. Les grandes sonates de Beethoven ne sont pas des compositions ingénieuses ou des tableaux de genre : elles sont des drames réels et vivans[13]. »

Alors même que nous ne les comprendrions qu'à demi, croyons en elles tout entières. Que la foi supplée à notre intelligence bornée, à notre sensation imparfaite. *Præstet fides supplementum sensuum defectui.* En étendue comme en profondeur, ces œuvres suprêmes sont pour ainsi dire à la limite. On n'imagine rien au-delà. Carlyle appelait la musique « une sorte d'inarticulée et insondable parole qui nous amène au bord de l'infini et qui nous y laisse quelques momens plonger le regard. » C'est bien là que les dernières sonates de Beethoven nous amènent et qu'elles nous laissent.

III

« Toute chose ne fait que croître ou décliner : *All things are growing or decaying*[14]. » La sonate — je veux dire l'être ou l'espèce sonate — a trouvé chez Beethoven le terme de sa croissance et le commencement de son déclin.

Dans la brochure que nous avons citée plus haut, M. Weingartner, à propos de la symphonie, parle ainsi de Beethoven et de ses successeurs : « Un léger sentiment de mélancolie s'empare toujours de moi quand, sachant la grandeur de Beethoven et étant pénétré de la profonde portée de ses créations, je me rappelle que beaucoup de compositeurs, après lui, ont entrepris et entreprennent d'écrire des symphonies. Devant l'abondance intarissable de pensée et de sentimens exprimés par Beethoven dans sa musique, une telle entreprise semble vraiment presque aussi insensée que celle de vouloir monter plus haut qu'un sommet. En effet, l'apparence des œuvres est semblable à celle des symphonies, souvent même les moyens extérieurs semblent beaucoup plus grands ; mais l'auteur ne possède pas cette force d'âme et cette profondeur particulières à Beethoven, pour exprimer une succession de sentimens qui se meuvent entre l'amour le plus tendre et la passion la plus violente, entre l'humour le plus franc et la profondeur métaphysique. « Après Wagner et avec lui, M. Weingartner s'étonne que les compositeurs n'aient vu que la forme dans les créations de Beethoven et aient continué tranquillement à écrire des symphonies, sans se rendre compte que la *dernière* symphonie, était déjà écrite et que c'est la symphonie avec chœurs. » Cela n'est pas moins vrai de l'ordre ou du genre de la sonate, que de celui de la symphonie. Il se peut qu'avec l'op. 111 de Beethoven la dernière sonate pour piano, elle aussi, ait été écrite. « Est-il possible d'utiliser cette forme de nouveau, alors qu'un maître l'a remplie de pensées si vastes, qu'elle se montra trop petite pour lui ? Après avoir exprimé par elle ce qu'il y a de plus prodigieux, le maître la brisa... » Comme la symphonie, il semble que la sonate ait « éclaté sous la pensée de Beethoven » et sans doute, recueillis et rapprochés par ses successeurs, les éclats ou les morceaux en sont bons ; ce ne sont pourtant que des morceaux.

Il y a quatre sonates de Weber, ou plutôt, suivant l'expression de Spitta, quatre « fantaisies en forme de sonate, » quatre merveilleuses improvisations de grand pianiste et de grand virtuose ; musique plutôt en surface, — en surface brillante, étincelante même, — qu'en profondeur, où le génie mélodique l'emporte de beaucoup sur le génie du contrepoint et du développement. C'est aussi par la faiblesse du développement, par la disproportion des parties et par la prolixité, que les sonates de Schubert demeurent au-dessous de celles de Beethoven. Créateur de mélodies sans nombre et, sinon sans égales, au moins sans pareilles, Schubert est un faible symphoniste ; or, le principe symphonique est le fond ou l'âme de la sonate non moins que de la symphonie elle-même. Il est rare qu'un morceau de Schubert ne commence pas d'une manière exquise : avec une grâce, une spontanéité ravissante ; il est rare qu'il continue de même. Je parle surtout ici des grands morceaux : premier *allegro* ou finale, car les scherzos de Schubert sont très souvent parfaits. « Schubert, a écrit Schumann, est comme un tempérament de jeune fille qui s'est attaché au maître Beethoven… Il est vis-à-vis de lui comme un enfant qui joue sans souci entre les jambes du géant[15]. » Cela n'est peut-être pas assez dire du Schubert des *lieder* ; mais du Schubert des symphonies et des sonates, cela est la vérité même. Avec une touchante humilité Schubert sentait lui-même sa faiblesse et l'avouait. En 1828, étant déjà l'auteur d'innombrables chefs-d'œuvre, il voulut se remettre à l'école et demanda les leçons de Sechter, un des maîtres les plus célèbres d'alors. Il le vit une seule fois ; peu de jours après, « il entrait dans la vallée des ombres de la mort. »

Pas plus que les contemporains de Beethoven, ses successeurs ne l'ont égalé. Schumann, comme Schubert, ne paraît auprès de lui qu'un enfant, plus irrité seulement que Schubert et plus farouche. Tandis que l'œuvre pour piano de Beethoven ne consiste guère que dans les trente-deux sonates, l'œuvre pour piano de Schumann renferme deux sonates seulement. Le maître de Zwickau, dans une de ses lettres, a défini la symphonie avec chœurs, « le passage du génie classique au génie romantique[16]. » Il a été lui-même le premier et peut-être le plus glorieux représentant de ce nouveau génie, dont la sonate, pas plus que la symphonie, peut-être moins encore, ne pouvait être ni ne fut en effet la forme par excellence. L'état d'esprit et d'imagination habituel de Schumann convenait mal à la composition régulière : « Je suis resté toute la semaine au piano, à composer, écrire, rire et crier, tout cela à la fois. Et c'est tout cela que vous trouverez décrit dans mon op. 20 (*Grande Humoreske*) qui est déjà à la gravure. Vous voyez comme à présent je travaille vite. Une idée me vient, je l'écris, on la grave. Voilà ce que j'aime. Douze feuilles en une semaine[17]. » Schumann a composé cent chefs-d'œuvre de cette manière, et de cette allure. Mais ses deux sonates pour piano lui donnèrent plus de mal, et ne sont pas ses chefs-d'œuvre. Il travailla deux ans à la première (op. 11, en *fa dièze* mineur) ; à la seconde (en sol mineur, op. 22) huit ans. On peut en conclure qu'il avait pour ce genre de composition peu de facilité. Peu d'enthousiasme aussi : en 1839, ses deux sonates achevées, il déclare que « le genre de la sonate pourra produire encore de temps à autre quelques beaux exemplaires, et qu'il les produira sans doute, mais que ce genre n'en semble pas moins parvenu au terme de son évolution[18]. »

Il ne se trompait pas, le grand artiste, dont l'œuvre pour piano, la plus vaste pourtant et la plus admirable qui soit après celle de Beethoven, contient deux sonates seulement. L'œuvre de Chopin, un autre maître du piano, n'en renferme pas davantage et, malgré la beauté de la *marche funèbre,* on sait que le Chopin véritable est ailleurs : dans les Polonaises ou les Ballades, les Valses, les Préludes, ou les Mazurkas.

Trois sonates de Brahms, une de Liszt (celle-ci peut-être la plus intéressante, mais unique), tels sont les derniers spécimens — pour ne citer que les plus insignes — d'un genre qui s'épuise et d'une forme presque abolie. Et comme le genre même dont il traite, le livre de M. Shedlock faiblit à la fin et se perd. La matière lui manque. L'historien pourtant ne se décourage pas. Il semble attendre encore, — et précisément de la sonate de Liszt, — une transformation, une résurrection. En tout cas, celle-ci tarde à se produire. M. Shedlock ne désespère pas d'entendre crier un jour : « La sonate est morte, vive la sonate ! » Peut-être ; je crains plutôt que nos neveux, insensibles à tout ce qui ne sera pas musique de théâtre, autrement dit musique appliquée et publique, n'aient plus un jour, pour les chefs-d'œuvre mêmes de la musique intime et de la musique pure, que le mot célèbre et dédaigneux : « Sonate, que me veux-tu ? »

CAMILLE BELLAIGUE.

1. ↑ Riemann, *Dictionnaire de Musique*, traduit par M. Georges Humbert, Paris, Perrin et Cie, 1899.

2. ↑ M. Maurice Griveau.

3. ↑ *La symphonie après Beethoven*, par M. Félix Weingartner ; traduction française par Mme Camille Chevillard. Paris, chez Durand et fils et chez Fischbacher.

4. ↑ J. S. Shedlock.

5. ↑ *Id.*

6. ↑ Nous empruntons cette citation et celles qui suivent à la traduction des *Lettres de Mozart*, par M. H. de Curzon, Paris, Hachette.

7. ↑ Lettre du 7 juin 1783.

8. ↑ M. Shedlock.

9. ↑ *Conversations Hefte.*

10. ↑ M. Shedlock.

11. ↑ *Histoire de la Musique de l'antiquité.*

12. ↑ Cité par V. Wilder dans son *Beethoven.*

13. ↑ M. Shedlock.

14. ↑ Herbert Spencer.

15. ↑ Schumann : *Écrits sur la musique et les musiciens*, traduits par M. H. de Curzon ; chez Kischbacher.

16. ↑ Cité par M. Shedlock.

17. ↑ *Ibid.*

18. ↑ M. Shedlock.